SERVICE

D'ACTION DE GRACES,

CÉLÉBRÉ PAR

LE CONSISTOIRE DE L'ÉGLISE RÉFORMÉE

DE PARIS,

AU TEMPLE DE LA RUE St. HONORÉ,

LE DIMANCHE 24 AVRIL 1814,

Pour le rétablissement du trône des Bourbons
en France.

PÉRORAISON d'un discours de M. MARRON,

Président du Consistoire, membre de la Légion d'Honneur,

et PRIÈRE.

PARIS,

DE L'IMPRIMERIE DE D'HAUTEL,
rue de la Harpe, n⁰. 80.

1814.

TEXTE.

Psaume cvii, *verset* 43.

Où est l'homme sage ? qu'il prenne garde à ces choses, et qu'il considère les bontés de l'Eternel !

PÉRORAISON.

Ces dernières considérations (1), appliquons-les surtout à la conjoncture où nous nous rencontrons, à l'objet de la solennelle action de graces, à laquelle vous appelle ici, M. C. F. la délibération du Consistoire de cette Eglise. C'est le rétablissement du trône des Bourbons ; ce rétablissement, précédé, accompagné de tant de circonstances mémorables, et qui ne peut manquer d'avoir aussi sur nos destinées à venir la plus haute influence.— Qu'elle avoit été

____

(1) Ces considérations avoient pour objet l'obligation de considérer les événemens sous un point de vue religieux, d'après l'indication du texte.

épouvantable, la chute de cette antique dynastie ! Quel enchaînement de
malheurs a pesé depuis sur la France
et sur l'Europe; que dis-je ? sur toutes
les portions du globe ! Toutefois de
quels brillans dehors a été souvent re-
vêtu notre nouvel ordre de choses !
Hélas! que nous payions cher une illus-
tration sans exemple, une gloire toujours environnée de ruines et de tom-
beaux ! — Une ambition insatiable, un
système d'usurpation, d'oppression, de
prétentions toujours plus exagérées à
mesure qu'elles étoient satisfaites; un
système d'universel effroi, d'universel-
les allarmes, tel que le soleil n'en avoit
pas éclairé encore, arma enfin contre
nous le monde entier. Ó ! que de sang
a coulé! que de trésors ont été englou-

tis ! quel sceptre de fer il a fallu appe-
santir sur une nation, dirai-je digne
d'un meilleur sort, ou digne du sort
qu'elle éprouvoit? — Enfin, ivre de vic-
toiies, de conquêtes, cette nation entre
dans une carrière inaccoutumée de
tribulations, de revers. Jusqu'aux élé-
mens semblent conjurés contre ses ar-
mées.—Un cri d'affranchissement, d'in-
dépendance, retentit de toute part, et ce
cri n'est pas jeté en vain; il étoit dans
toutes les ames , comme il étoit sur
toutes les lèvres.— Nous voilà repoussés
partout ! Nous voilà nous-mêmes mena-
cés, envahis ! Il est frappé de l'aveugle-
ment le plus étrange, celui que nous
avions investi d'un pouvoir sans bornes.
La paix pouvoit le sauver; il refuse celle
qui lui est offerte. — L'ennemi, .. non !

la coalition sainte s'avance jusques sous
les murs de la capitale. L'airain meurtrier résonne dans cette vaste cité. Qu'il
étoit imminent notre danger ! quelles
étaient notre consternation, nos angois-
ses ! — Le ciel a eu pitié de nous ! le ciel
a conjuré l'orage ! Ce n'est pas pour
exercer des vengeances redoutées que
nous avons vu entrer ces nombreuses,
ces vaillantes phalanges. Les princes
qui les commandoient, ces souverains,
accourus de contrées si lointaines, au
prix de tant de fatigues, de tant de pé-
rils, de tant de sacrifices, ces monar-
ques généreux se sont annoncés comme
nos libérateurs, nos amis, comme des
anges de paix ! Héros chrétiens, il nous
ont rendu le bien pour le mal ; ils r'ou-
vrent devant nous une carrière inespé-

rée de prospérités. — Nous avons senti le besoin de rétablir l'antique dynastie. Elle a été rappelée; elle se rend à nos vœux.— Pères et mères, pour vous quelle allégresse! vous recouvrez la plénitude de vos droits sur ces fils qu'envain vous disputiez au glaive meurtrier! Jeunesse si intéressante, le monstre prêt à vous dévorer à votre tour, le voilà terrassé! Livrez-vous désormais avec sécurité à la carrière de votre choix! cultivez les sciences, les lettres, les arts! A peine vous en goûtiez les douceurs qu'elles vous étoient interdites. Il est brisé ce joug! vous ne connoîtrez plus cette désolante, cette odieuse tyrannie!—Que de bras rendus à l'agriculture, à l'industrie, au commerce! Une émulation libérale va revivifier toutes

les branches du bien public, r'ouvrir
toutes les sources de félicité domesti-
que et sociale. — Magnanimes alliés ! à
quel rôle vous appelle au milieu de
nous le Suprême Arbitre des événemens,
le Roi des rois! Que de plaies il veut
refermer par vous! Quels services at-
tend de vous l'humanité éplorée ! Oui,
la lumière la plus douce va jaillir du
sein des ténèbres ! Vous refraterniserez
toutes les nations ! Vous renouvelerez
la face de la terre ! — Et vous, Roi des
Français, que déjà un Lieutenant, reçu
avec de si justes acclamations, repré-
sente au milieu de nous, nos bras vous
sont ouverts ! Arrivez, digne sang de
Henri le Grand ! comblez nos désirs !
L'école de l'adversité ne vous aura pas

été inutile pour vos nouvelles destinées; elle ne l'aura pas été à vos peuples! — Que la Nation et le Roi s'unis-
sent dans les plus inviolables affections,
garanties par l'oubli du passé, par cet
oubli du passé que consacra la dernière
volonté du meilleur et du plus infor-
tuné des princes! Malheur à qui aura
le pardon sur les lèvres, l'amertume et
le ressentiment dans le cœur! Malheur
à qui semera de nouveau la zizanie de
la discorde; à qui provoquera ou nour-
rira le trouble! — O mes chers audi-
teurs! puissent être exaucés nos vœux!
Qu'ainsi se consomme, se consolide
l'œuvre du Dieu des miséricordes! Voilà,
Chrétiens, le bien durable à obtenir par
nos prières! Que tel devienne à jamais
le sujet de nos louanges et de nos ac-

tibns de graces ! Tous ensemble pros-
ternons-nous aux pieds du trône du
Très-Haut; nous ferons retentir ensuite
les voûtes de ce sanctuaire de l'hymne
de la reconnoissance.

PRIÉRE.

O Eternel, à toi est la louange et la gloire, la force et la magnificence! De siècle en siècle des torrens de bénédictions descendent de ton trône, seul immuable quand tous les autres ne font que passer; tes sujets, tes enfans n'ont de ressource assurée qu'en toi; peuples et individus puisent dans ta plénitude grace sur grace! En punissant tu fais ton œuvre étrange, et tes châtimens même nous sont un gage de tes dilections. — O ! donne - nous de t'adorer avec respect, avec soumission, dans toutes les voies de ta Providence, dans toutes les vicissitudes de nos destinées! — Mais de tous les sentimens celui de la reconnoissance nous fait éprouver auprès de toi les plus touchantes émotions, les plus doux tressaillemens. Et ce sentiment nous anime particulièrement en ce jour. Chacun de

nous est venu te bénir au nom de la patrie, au nom de l'humanité. Nos cœurs,
comprimés trop long-temps, s'épanouissent derechef à la joie et à l'espérance.
Que le tribut de nos cœurs soit digne de
toi! — Enfin *la Justice et la Paix s'entre-
rencontrent.* Combien elle nous sourit ,
cette paix naguère si mensongèrement in-
voquée! Elle sera le premier bienfait du
Prince éclairé , magnanime, que tu rap-
pelles sur le trône de ses aïeux. A sa suite
elle ramenera parmi nous la sécurité,
l'allégresse ; elle rendra à l'agriculture,
aux arts, au commerce tant de bras que
lui arrachoit le plus cruel des fléaux.
Les liens de la fraternité se renoueront
entre les nations. Dans le sein des fa-
milles plus d'allarmes, plus de deuil ! Le
fruit de nos sueurs ne deviendra plus
le prix du sang ; la charité ne sera plus
un vain nom parmi ceux qui se récla-
ment de ton Christ. — O Dieu ! que cette
attente ne soit pas illusoire ! Bénis à cet

effet le légitime Souverain que tu rends à nos vœux ! Bénis toute la Famille Royale ! Que le rang suprême se fasse honorer par la vertu, chérir par la bienfaisance ! — Bénis tous les Modérateurs des peuples qu'une alliance sainte a conduits parmi nous ! Que la pacification générale couronne glorieusement leur œuvre ! Préside dans leurs conseils avec ton esprit de modération, de justice, de bonne foi, d'équité ! Applanis toi-même les difficultés ! abrège les lenteurs ! brise les obstacles ! — Que la paix de l'intérieur ne s'isole pas de celle du dehors ! Réunis tous les esprits dans un même sentiment, celui du besoin de l'ordre et du repos ! Qu'à ce besoin soient sacrifiés tous souvenirs haîneux, tout esprit de parti qui ne sait qu'abonder en son sens, toutes habitudes turbulentes, agitatrices ! Que cette Capitale consacre son influence par l'exemple de la sagesse ! .....

ADHÉSION DU CONSISTOIRE

DE L'ÉGLISE RÉFORMÉE DE PARIS,

AUX ACTES DU GOUVERNEMENT PROVISOIRE.

(Moniteur du 11 avril 1814.)

« Nosseigneurs, Agréez que le Consistoire de l'Eglise réformée consistoriale du département de la Seine s'unisse à tant d'autres acclamations pour vous témoigner son assentiment à tout ce que vous avez fait pour la régénération de la France, et qu'il vous accompagne de ses vœux dans la poursuite de votre glorieuse tâche.

« Vous avez rétabli la dynastie des Bourbons ; par vous un Prince éclairé , magnanime, un Prince qui, par la libéralité de ses principes non moins que par l'élévation de ses senti-mens, nous ouvre les plus douces espérances , remonte sur le trône de ses aïeux. Par vous la concorde dans l'intérieur, la paix au-dehors, sourient aux Français, sourient au monde en-tier. Vos noms, chers à la patrie, seront bénis dans tous les âges ; ils seront en particulier pour notre Consistoire un objet durable de vénération et de reconnoissance. »

DISCOURS

Prononcé par M. MARRON,

A L'AUDIENCE ACCORDÉE PAR

MONSIEUR,

LIEUTENANT - GÉNÉRAL DU ROYAUME,

AU CONSISTOIRE DÉ L'ÉGLISE RÉFORMÉE
DE PARIS,

Le 22 avril 1814.

(Moniteur du 27 avril.)

MONSEIGNEUR,

« Au retour des Bourbons, nos cœurs, comprimés trop long-temps comme ceux de tous
les Français, s'épanouissent derechef à la joie
et à l'espérance ; nous osons les mettre à dé-
couvert aux pieds du trône. Que Votre Altesse
Royale daigne agréer les sentimens dévoués
du Consistoire de notre église ! Qu'elle daigne

en être l'interprète auprès de Sa Majesté
Louis XVIII, son auguste frère! — Invariables
dans les principes de notre culte, les mêmes
que ceux de l'Evangile, nous rivaliserons d'o-
béissance et de fidélité. Nos efforts pour con-
courir au bien public, selon la portée de nos
moyens, seront aussi soutenus que notre hom-
mage est pur, que nos vœux sont sincères.
Qu'il bénisse le Roi, qu'il bénisse le Lieutenant du Roi, qu'il bénisse toute la Famille
Royale, celui par qui les rois règnent ! Sous
quels auspices nos intérêts seroient-ils mieux
garantis, nos droits plus assurés, que sous ceux
des dignes fils de Henri IV ? (1) »

---

(1) Monsieur a répondu, « qu'il étoit sensible à
l'expression touchante qu'il venoit d'entendre des sentimens et des vœux du Consistoire; qu'il ne manque-
roit pas d'en instruire le Roi son frère ; que le Consistoire devoit être assuré que le Roi se plaisoit à embras-
ser également dans ses affections les Français de tous les
cultes, comme il comptoit sur le dévouement et la fidélité de tous. » [Extrait du Moniteur du même jour.]